DRAGON BALL

龙珠

卷十　第二十二届天下第一武道会

鸟山　明

乌帕　勃拉（乌帕之父）

饺子　鹤仙人　天津饭

龟仙人（武天师父）

比拉夫一伙

前　　情　　微　　录

很久很久以前，地球上散落着七颗神奇的龙珠，传说只要聚齐它们，神龙就会出现，并可以为人实现一个愿望。为了寻找龙珠，布尔玛和孙悟空踏上了奇妙的寻珠之旅。经历了许多危险之后，终于集齐的龙珠却被坏蛋比拉夫抢走了。为了不让龙珠被坏蛋比拉夫抢走了。为了不让龙珠被坏蛋利用，悟空他们只好抢先许了个要短裤的无聊愿望。神龙实现一个愿望之后，必须经过一年才会再次出现。

利用这段时间，悟空去了龟仙人那里拜师学艺，而后又踏上寻找龙珠的旅程。途中悟空新结识的朋友乌帕的父亲被红绸军雇来的杀手桃白白杀害了，为了让乌帕的父亲复活，悟空击溃了红绸军，拿到了六颗龙珠。剩下的一颗在比拉夫那伙人手里，行动吧！

DRAGON BALL 10

第二十二届天下第一武道会

龙珠

第一百零九回

比拉夫一伙再度挑战

8

这回一定要让神龙实现我的愿望。

世界都是我的，我将成为全世界的统治者！

您成为世界之王以后，准备干什么呢？

咦？

呃……我先要……嗯……嘛……首要干什么好呢？

你少管闲事！这是秘密！

哦！

突突突……

14

该怎么办？原计划是出其不意袭击他的，现在他主动找上门了……

别慌！

他一个人来，不是更好吗？

最让人头痛的就是这个臭小子了……

现在他没有帮手，我们就可以全力对付他了。想尽一切办法抓住他的尾巴！

哼，快出来！

……

呵呵呵

本事不小啊！这样你都能找到这颗龙珠的位置。

16

24

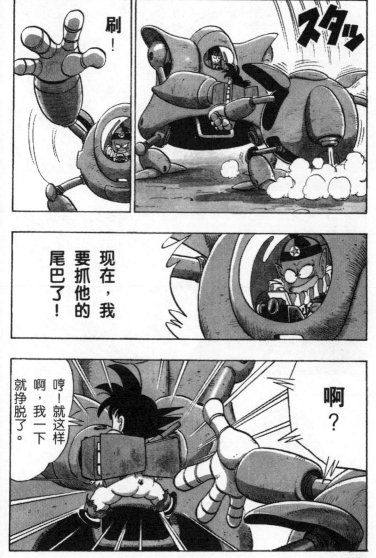

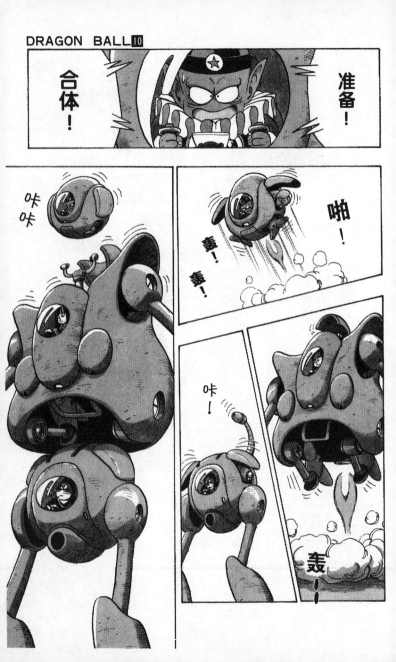

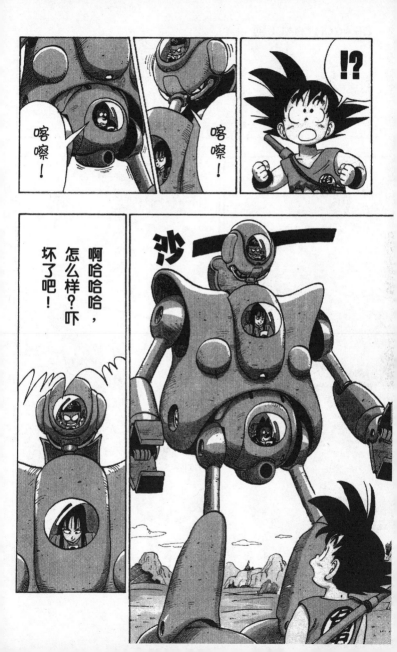

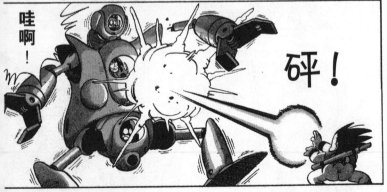

36

第一百二十一回 神龙再现！

嗖————

嗨！

看来他拿到龙珠了。

是悟空！他回来了！

40

41

哎呀呀，这家伙性子真急……

嗯，我好想看看神龙长什么样啊！

这次龙珠可真不好找，悟空好厉害呀……

这孩子确实厉害。

有一天，他将会拯救这个世界。

啊？你说什么？

悟空会拯救世界？！

是的，我有预感。

啊……那家伙……

44

50

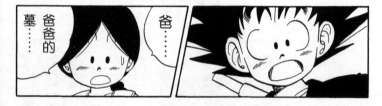

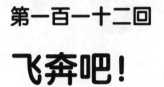

第一百一十二回

飞奔吧！

孙悟空

54

58

怎么样了？他爸爸复活了没有？

嗨！

看，悟空！

悟空回来了！

那孩子一定高兴坏了吧！

是的！

太好了！

复活了！

嘿嘿！

悟空，你又做了件好事。

啊……

我憋不住了!

呼……

这个世界将来真的会被那家伙拯救吗?

……

谁知道

呼!舒服了!

寻找龙珠的事终于告一段落了。

一年以后你不是又要去找你爷爷的四星球啊?

嗯!

我要努力练功,为下一届的天下第一武道会作准备!

那么,以后都不用再去找龙珠了?

哇!你居然能抓住它!

在它飞散之前我就抓住了!

嘻嘻嘻

62

64

嗡 嗡 嗡……

第二十二届天下第一武道会

各位乘客，本届天下第一武道会的举办地木瓜岛就要到了，飞机即将在榴莲机场着陆……

请大家系好安全带。

终于又等到天下第一武道会了……

亚姆查，这回你一定能得冠军！

那可不一定，还有我在呢！

那就让你看看我这三年的修炼成果吧！

第一百一十三回

第二十二届
天下第一武道会

啊，就是上一届亚军的那个孩子吧？

嗯……还没来呢。

还没来呢。

悟空在干什么……报名时间就快结束了！

没办法，他不会把这事给忘了吧……

还剩五分钟了。

他一定会来的！这一天呢！

干脆我也参加吧……奖金五十万！

不行，这种比赛是不允许用武器的！

沙沙

请把程龙的名字也写上。

嗯？

程龙，是上届的冠军呀！

难道是你……

嘘——

哎！

麻烦你一定要帮我保密啊！

选手报名处

72

74

我们真担心你赶不上报名。

怎么没坐筋斗云？

龟爷爷不是说修炼时不能用吗？

你不会是游泳过来的吧……

是啊！从亚禾过来的。

亚……亚禾？

那不是在地球的另一面吗？

你脑子是不是有问题啊……

参加武道会的各位选手请注意！预选赛马上就要开始了，请立刻到竞武馆集合！

哦！终于要开始了！

77

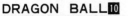

哗——哗——哗——

七十一号……在第二组的后面。

好险！

我在第一组的后面！

我在第一组的前面。

太好了！大家都不在一个组！

我是一百七十八号，在第四组。

老爷爷你呢？

预选赛即将开始，将决出八名选手参加天下第一武道会。

请各位选手把手中的签号与预选赛号码表对照之后，到各自的比武台前集合。

比赛规则如下，比赛双方以一对一的形式在比武台上较量，掉下比武台、昏倒或是投降，都算输。

比赛禁止使用武器。在本届大会上，预选赛不限时，直到决出胜负为止。

库林！
加油！

嗯！

第一组的预选赛现在开始，请一号和二号选手上场。

1组

84

咚！…

刷

昏倒！九十九号胜！

快！抬担架来！

发生了什么事……

我什么都没看清啊……

果然很厉害！

嘿嘿嘿，有点儿本事，但也不算太厉害！

他打了四掌……还踢了两脚！

笨！我怎么可能在预选赛里就露出真本事……

我的一则轶事

那时的我

鸟山 明

那时候的我年轻气盛，刚买了一辆特别拉风的摩托车。

嘿嘿！

一个炎热的夏日，我骑着那辆摩托车，潇洒地来到一家冷饮店。

冰咖啡—

透过窗户能看到我的摩托车，我听见店里的客人说……

那辆摩托车好酷啊！

嘿嘿

我得意扬扬，想让他们瞧瞧我骑摩托的英姿，于是赶快喝完冰咖啡走到店外。

在众人的目光中，我骑上了摩托车。

喀咻

咔

可不知怎么搞的，无论我怎么踩就是发动不了——

唔—浑蛋—

我觉得就这样待着太丢脸了，于是假装引擎已经发动开了那家冷饮店。

其实从窗户里看不见的一只脚在使劲地蹬着走！

啦啦！

还有一次在离开一个朋友家时，也是在说了「再见」后，踩了十分钟才发动引擎，真是尴尬。

现在我已经不骑这辆摩托车了，
买了另一款较易发动的摩托车。

你逃不掉了！

摔出场外！

二十八号胜！

敬礼

真令人难以置信……

像暴风一样在一瞬间击败对手……

太厉害了……连查巴王这样的高手都毫无还手之力……

太好了，我赢了！

悟空·预选赛中就使出全力·太引人注目了吧！

真想快点儿和你们这样的高手痛快打一场。

是……是吗……哈哈……

有……有点儿不妙……啊……我……

我没有用全力啊！

要不是我手下留情，他早就没命了。

武天师父的三个徒弟……

都打入了前八名，获得了天下第一武道会的参赛资格……

然后……

嘿！

112

114

116

118

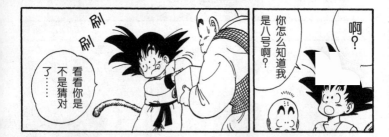

天津饭！有什么好笑的吗？

哈哈哈！没想到龟仙人还教你们讲笑话呢！

……

你……你给我闭嘴

……

对战顺序就这么定了。

时间不限，一场定输赢。掉到场外、计数到10还倒地不起，或者投降都算输。

7

5   6

1   2   3   4

① 亚姆   ② 天津饭   ⑤ 人狼   ⑥ 程龙   ⑦ 饺子   ⑧ 库林   ④ 巴普特   ⑨ 孙悟空

对了，这次比赛前你还要不要先吃顿饭？

要吃！要吃！

嘻嘻嘻，真没修养。

……

广播里叫到的人，就请到前面的比武台上来。

121

经过紧张激烈的预选赛，我们从一百八十二名武术高手中选拔出了八名选手！

这八名选手将以淘汰赛的方式进行角逐！究竟谁能得到天下第一的称号并获得50万的奖金呢？我们拭目以待！

第一场比赛现在开始！

由亚姆查选手对天津饭选手！请上场——

哗——哗——哗——

来了！来了！

是亚姆查！

几乎全都是龟仙人和鹤仙人的徒弟啊……

厉害……

说我和那个死老头齐名！

哼！

哼！我两三招就能解决掉你。

亚姆查！加油啊！

你做好准备吧！

哗

哗

好啊，我等着呢！

哗

哗

请继续欣赏：第一百一十七回　亚姆查的龟派神功

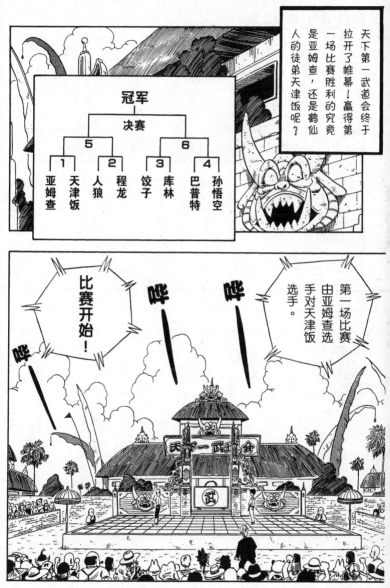

129

他们都很厉害哟！

哇……哇哦……

呆住了～……

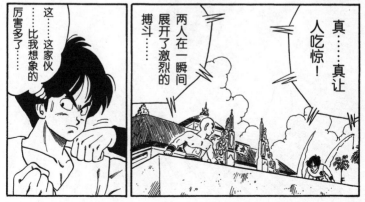

这……这家伙……比我想象的厉害多了……

两人在一瞬间展开了激烈的搏斗……

真……真让人吃惊！

这小子……还真有两下子，并不是只会说大话而已。

很久没有遇到这样有实力的对手了……

你看招吧！

新狼牙风风拳！

很好！

沙沙

134

138

　　请继续欣赏：第一百一十八回　亚姆查被打败！

亚姆查与天津饭展开了令人窒息的搏斗，二人互不相让。之后，亚姆查使出了龟派神功……

140

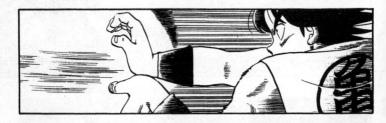

哈！

148

哎！为什么不宣布比赛的胜负？

呃，以亚姆查选手目前的情况，已经不能继续比赛……

因此，这一场，天津饭选手胜利……

他的腿骨折了！快送医院！

啊，是！

亚姆查！

啊……啊……

我送他去医院！

变成魔毯！

BOM!

150

悟空，你快把他抱上来。

好的！

好了，走吧！

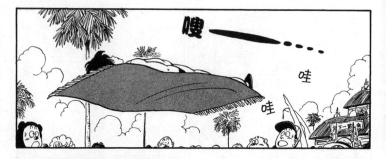

嗖————………

哇

哇

哼！

我要去陪他！那我也去！

你太过分了……亚姆查已经昏过去了……

你明明知道，还故意那样做……

嘿嘿嘿……我没杀了他已经算他走运了！我真是太善良了！

你竟然对亚姆查做出这种事！

决赛时，我绝不饶你！

哈哈哈！就凭你，能进入决赛吗？

别站在比武台上碍事了，还要进行下一场比赛呢！

嘿嘿嘿

……

干得漂亮！这下知道我鹤仙派的厉害了吧！

龟仙人现在一定气得脸色发青吧！

而且，天津饭的实力，可不止这些呀……

下面开始第二场比赛！

程龙选手对人狼选手！请上场！

你干吗老瞪我？

赢了！

那是理所当然的！

但是龟仙派的家伙也不是我们想象的那么弱，你可千万不能大意！

不过，刚刚那个叫亚姆查的，应该就是龟仙人徒弟中最厉害的……

看来，冠军铁定是我的，你是亚军，结果已经揭晓了！

刚才，同伴受了伤，你们并没有马上就冲出去，忍耐力不错！

的确是长大了啊。

加油，老爷爷！

哔

哔

154

闭嘴，你这浑蛋！在上一届的天下第一武道会时，你把月亮给击毁了！

害得我没法变成人，一直都只能是狼的模样！根本没有女孩子喜欢我！

原来是这样啊。

那你找只母狼当女朋友不就行了吗？

我不喜欢浑身长毛的家伙！

你的要求还挺高呀！

喂……

你们抓紧时间比赛吧。

第二场比赛现在开始！

哗——！哗——！

嘿呀呀！

哦？

那人和龟仙人长得好像！

哇！预选赛的时候，那匹狼我一拳就把可是打倒了。

呀 真厉害

三……

一！二……

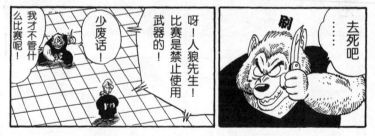

呵呵，你倒还真顽固

我绝不会认输

七……

吼

六……

我才不管什么比赛呢！

少废话！

呀！人狼先生！比赛是禁止使用武器的！

……去死吧

刷

呀啊！

没关系！不用判他犯规。

啪

嗯……

性子可不能太急了。

啊！

啪

唉唉唉……

嗖

ダンッ

这样吧！

我想办法让你再变成人的模样。

164

月亮都没有了，怎么帮他变成人呢……

库林，你过来一下！

我？

对，这样。

到这儿来，背对这边。

叫我做什么？

干什么？

来！你盯住这个。

啊……你不会想把我的头当成满月吧？真能想……

对！你很聪明嘛！

别胡闹了！如果我的头变成满月的话……

悟空也会变身的……

没关系，我只是用催眠术让他产生幻觉罢了。

刷

这下以后你应该也不会再变成狼了吧！

好棒耶！万岁！

喔喔！

太好了！

我……我又变成人了！

哦！

啊？

太好了！我可以找到女朋友了！

哈哈！

你明白就好！

对不起！你真是个大好人啊！谢谢你！

我觉得就算他变成人的样子，也不会有女孩喜欢他……

我倒觉得狼的样子更帅一点儿……

下面开始第三场比赛！

饺子选手对头如满月的库林选手！请两位选手上场！

哈哈哈！

哈哈

哈哈……

可恶

请继续欣赏：第一百二十回　神指功

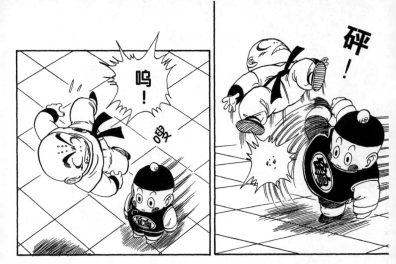

174

怎么了？

咚

你刚刚说的是谁？

这可不是笑话！

我说的是真的！

被你杀死的？你说什么笑话呢！

我是说和被白白的桃杀死的招式一样！

哼！

那个桃白白……

真是奇怪！

干什么啊？

178

现在公开本卷各回在《少年JUMP》周刊连载时
刊登的扉页!(这次是以左右合一的大幅全页开始)

BALL

龙珠

第一百一十回　比拉夫的作战计划

鳥山明　BIRD STUDIO

爆笑、超痛快、超兴奋!孙悟空大爆发!

悟空爆发! 卷首彩页!

扉页大特辑 IX

DRAGON

激烈的预选赛，留下来的会是谁？

第一百一十四回　预选赛一

鳥山明 BIRD STUDIO

龙珠

正式比赛的组合公布了！

第一百一十六回　动过手脚的对战表

鳥山明 BIRD STUDIO

初战就是异常精彩的对决！

第一百一十七回　亚姆查的龟派神功

亚姆查 VS 天津饭

鸟山明 BIRD STUDIO

龙珠

亚姆查能获胜吗?

第一百一十八回　亚姆查被打败!

鳥山明
BIRD STUDIO

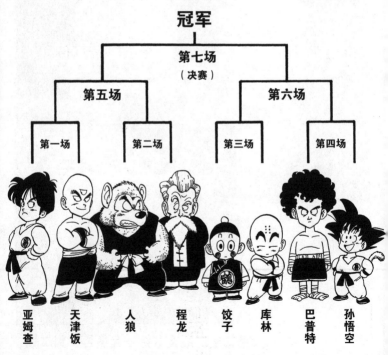

冠军

第七场
（决赛）

第五场　　　　　　　　第六场

第一场　　第二场　　第三场　　第四场

亚姆查　天津饭　人狼　程龙　饺子　库林　巴普特　孙悟空

龙 DRAGON★BALL

人狼的仇恨究竟是……

第一百一十九回　满月之恨　　鸟山明 BIRD STUDIO

第二十二届天下第一武道会　第二场

龙珠

在徒弟之间展开的第二场鹤龟之战！

第一百二十回　神指功

鳥山明 BIRD STUDIO

第二十二届天下第一武道会　第三场

鹤仙人的徒弟　**饺子**　VS　**库林**　龟仙人的徒弟

图书在版编目（CIP）数据

龙珠.10 /（日）鸟山明著；牟琳等译. —北京：中国
少年儿童出版社，2005.7（2013重印）
ISBN 978-7-5007-7495-2

Ⅰ. 龙... Ⅱ. ①鸟... ②牟... Ⅲ. 漫画：连环画－作品－
日本－现代 Ⅳ. J238.2

中国版本图书馆 CIP 数据核字（2007）第 029393 号

著作权合同登记 图字：01－2005－3075

LONGZHU 10

出版发行：中国少年儿童新闻出版总社
中国少年儿童出版社

出 版 人：李学谦		执行出版人：申平华	
作 者：鸟山明		译 者：牟 琳等	
责任编辑：尚万春		责任印务：郎 建	
社 址：北京市东四十二条 21 号		邮政编码：100708	
总编室：010-64035735		传 真：010-64012262	

http://www.ccppg.com.cn E-mail:zbs@ccppg.com.cn

读者服务热线：010-65544121

印 刷：北京机工印刷厂

开 本：740×970 1/32 印张：6

2005 年 7 月第 1 版 2013 年 7 月北京第 16 次印刷

印 数：147001－152000 册

ISBN 978-7-5007-7495-2 / J·827 定价：9.80 元